Carnet de Route

DE

ADOLPHE PILLIER

PENDANT LA GRANDE GUERRE

DU MOIS D'AOUT 1914 AU MOIS D'AOUT 1918

GABRIEL ENAULT, IMPRIMEUR-EDITEUR

MAMERS

Carnet de Route

DE

Adolphe PILLIER

PENDANT LA GRANDE GUERRE

DU MOIS D'AOUT 1914 AU MOIS D'AOUT 1918

GABRIEL ENAULT, IMPRIMEUR-EDITEUR

MAMERS

Au 3e *Régiment d'Artillerie à pied, 47e Batterie*

1 9 1 4

Arrivé à Cherbourg (Manche) le 3 Août, deuxième jour de la mobilisation, j'ai rejoint le lendemain 4 Août, la 47e batterie du 3e régiment d'artillerie à pied qui était en formation au front-Nord, près de la porte nord de l'Arsenal, sous le commandement du capitaine Lecoquerre, avec un effectif de 315 hommes de la réserve de l'armée active.

La batterie a quitté le 7 Août le front-Nord pour aller à Bretteville-Haut, par Cherbourg et Tourlaville, pour servir une batterie de 240 et deux batteries de 95. Nous avons quitté Bretteville-Haut le soir du 13 Août pour aller embarquer à Cherbourg, ayant comme officiers : le capitaine Lecoquerre, les lieutenants Cherville et Loiseau.

La batterie est arrivée à Hirson (Aisne) le 14 Août au soir, et est allé occuper le Fort Dubois, avec une compagnie du génie et un bataillon d'infanterie. Elle a été employée à servir douze pièces de 90 et trois pièces de 95, à aménager des abris, et à abattre les arbres qui se trouvaient trop à proximité des pièces.

Nous avons quitté le Fort Dubois à Hirson le 27 Août au lever du jour, après en avoir fait sauter une partie. Nous sommes arrivés à Vervins (Aisne) vers midi. La ville était en grande partie évacuée, et les réfugiés passaient sans discontinuer. Nous quittons Vervins le lendemain matin 28 Août, passons à Marle (Aisne) et nous couchons le soir dans une ferme à Chambry (Aisne) à cinq kilomètres de Laon. Nous passons la journée du 29 au repos et nous quittons Chambry le 30 Août, pour aller embarquer dans l'après midi à Laon (Aisne). Nous débarquons le 31 Août au matin à Noisy-le-Sec (Seine).

La batterie va cantonner à Bondy où elle reste jusqu'au 2 Septembre. Nous quittons Bondy, et en passant par Sevran et Villepinte (Seine-et-Oise) nous arrivons à Tremblay-les-Gonesse (Seine-et-Oise) où nous devons occuper le lendemain 3 Septembre une batterie de six pièces de canon de 120, du système de Bange, et qui est située devant la sucrerie, dans la direction de Mitry-Mory, à environ cent mètres de la ferme occupée par Monsieur Lecailler. La batterie a été installée là, depuis quelques jours par une équipe d'ouvriers civils, sous la direction du génie. La batterie est cantonnée à la ferme Lecailler, et dans une maison bourgeoise, située près de la Sucrerie, qui a nom : « Les Hirondelles ». La commune de Tremblay-les-Gonesse au moment où nous arrivons, vient d'être pour la plus grande partie évacuée, et elle y reste pendant la durée de la bataille de la Marne. Elle se trouve occupée pendant ce temps, par un régiment d'infanterie du Midi, et des fusilliers-marins. Nous sommes occcupés à aménager les pièces qui ont juste été amenées sur leurs plate-formes au moment où nous sommes arrivés, et à faire des tranchées et des abris à munitions. Nous avons pendant ce temps un détachement qui est parti au fort de Vaujours, et qui y reste pendant une quinzaine de jours. Nous changeons de capitaine au commencement de Septembre, et c'est le capitaine Passerat qui vient commander la batterie avec le lieutenant Loiseau, le lieutenant Cherville parti avec nous au début ayant été évacué à Laon. La batterie se trouve en ce moment également sous les ordres du commandant Targé et y restera jusqu'en Mars 1915. Le capitaine Passerat ne reste environ qu'un mois à la batterie, il est remplacé à la moitié d'Octobre par le capitaine Cabrol.

Le 23 Octobre à la tombée de la nuit, nous quittons Tremblay-les-Gonesse, pour aller cantonner à Mauregard où nous restons jusqu'au 26. Le 26 Octobre nous allons à Moussy-le-Neuf (Seine-et-Marne) où nous sommes occupés à construire deux positions de batteries enterrées. La moitié de l'effectif de la batterie en construit une, sur la route de Moussy-le-Neuf à Mauregard, et l'autre moitié de l'effectif de la batterie en construit une autre, un peu à travers champs, non loin de la route de Moussy-le-Neuf à Moussy-le-Vieux, mais en tirant du côté de Longperrier. Toutes les deux se trouvent à environ un kilomètre de Moussy-le-Neuf.

La batterie quitte Moussy-le-Neuf le 1er Décembre et arrive à Attainville (Seine-et-Oise) où nous devons finir l'installation d'une batterie enterrée qui est située dans les environs.

La batterie quitte Attainville le 11 Décembre, passe par Moisselle, Ezanville, Ecouen, Villiers-le-Bel, Gonesse, et nous arrivons au Tremblay-les-Gonesse. Une partie de la batterie retourne au cantonnement de la ferme Lecailler, et des Hirondelles, et l'autre partie reste cantonnée, ainsi que la cuisine, au petit-Tremblay. La moitié de l'effectif de la batterie est employée à construire une position de batterie enterrée, à travers la plaine entre la route de Tremblay-les-Gonesse à la Patte d'Oie de Gonesse, et le bourg de Roissy-en-France. Une autre partie de la batterie est occupée à l'entretien de la batterie armée de six pièces, située près de la ferme Lecailler, et un détachement est également envoyé chaque jour dans le bois de Saint-Denis pour fournir le bois qui est nécessaire, pour la position de batterie en construction et l'entretien de la batterie située près de la ferme Lecailler.

1915

La batterie envoie des détachements d'une trentaine d'hommes, avec un maréchal des logis et un brigadier, pour l'entretien des batteries enterrées à Vémart et à Moussy-le-Neuf. Je fais partie d'un détachement à Vémart (Seine-et-Oise) du 21 Janvier au 5 Février, et d'un détachement à Moussy-le-Neuf (Seine-et-Marne) du 7 au 27 Mars. La batterie cesse d'être sous les ordres du commandant Targé, et passe sous les ordres du commandant Falipoux qui le remplace à Aulnay-sous-Bois.

Je pars en permission du 15 au 30 Juin, départ et retour à la gare de Sevran-Livry (Seine-et-Oise).

Nous quittons Tremblay-les-Gonesse le 29 Juillet pour aller embarquer à la gare de Sevran-Livry, ayant comme officiers : le capitaine Cabrol, et les sous-lieutenants Roger et Pagniez. Nous arrivons le lendemain matin, 30 Juillet, à la gare de Valmy (Marne) et, dans la soirée, la batterie va camper sous des toiles de tente dans les environs de Courtémont et de Hans (Marne), au pied de la côte 202.

Nous sommes occupés pendant le mois d'Août à faire trois emplacements de batteries avec des abris, dans un terrain tout-à-fait crayeux. On nous occupe ensuite, à partir du 1er Septembre, à installer une voie de chemin de fer Decauville. Le capitaine Cabrol quitte à ce moment la batterie, et nous sommes commandés par le lieutenant Roger et le lieutenant Pagniez. Nous construisons la voie Decauville qui vient de Courtémont, à partir de la côte 202, jusqu'à la route de Massiges, qui revient par la ferme de Beauséjour, en passant par Minaucourt et le ravin de Marçon, qui est fréquemment marmité. Nous avons, pendant le temps que nous sommes cantonnés à la côte 202, notre cuisine située à environ cinq cent mètres de notre cantonnement.

La batterie quitte la côte 202 le 12 Septembre au soir et va embarquer à la gare de Somme-Bionne dans le courant de la nuit du 12 au 13 Septembre. Nous débarquons dans la matinée à Châlons-sur-Marne, et nous réembarquons dans l'après-midi pour aller à Sommesous (Marne) où nous arrivons dans le courant de la soirée du 13 Septembre. On nous occupe à Sommesous à convoyer des trains de munitions.

La batterie quitte Sommesous le 22 Septembre pour Châlons-sur-Marne. Nous sommes cantonnés à Châlons, dans un hangar situé dans la rue Jacquenson, et à la brasserie de la Comète. Je fais partie d'un détachement de soixante hommes que la batterie envoie avec le lieutenant Pagniez, du 30 Septembre au 5 Octobre, à Sommesous, pour convoyer des trains de munitions. A Châlons-sur-Marne, la batterie est occupée au chargement des camions qui viennent au parc d'artillerie chercher des munitions, et à faire des travaux pour l'installation du parc d'artillerie d'armée sur la route nationale d'Epernay, et situé non loin de la ville.

La batterie quitte Châlons-sur-Marne le 7 Novembre et embarque pour se rendre à Nogent-sur-Marne (Seine) où elle arrive dans la nuit du 7 au 8 Novembre. Nous couchons à Nogent-sur-Marne dans une salle de bal du café Convert, situé sur le bord de la Marne. Dans l'après-midi du 8 la batterie s'en va cantonner à Bry-sur-Marne, où nous restons jusqu'au 20 Décembre. On nous occupe à Bry-sur-Marne à aller faire la manœuvre d'artillerie à Noisy-le-Grand avec le 82ᵉ d'artillerie lourde à tracteurs.

Je pars en permission du 27 Novembre au 12 Décembre, départ et retour à la gare de Paris Montparnasse.

La batterie quitte Bry-sur-Marne le 20 Décembre pour aller au camp de Saint-Maur, situé dans le bois de Vincennes à moitié chemin entre Vincennes et Joinville-le-Pont. La batterie est occupée à Saint-Maur à apprendre la manœuvre d'un nouveau matériel d'artillerie lourde, le canon de 155 long Schneider, qui est monté sur deux voitures, l'une qui est pour l'affût et l'autre pour transporter le tube-canon. Cette pièce peut tirer en moyenne trois coups par minute, et le maximum de portée est de 12 kilomètres. Nous n'avons pour le moment qu'une seule pièce, qui a déjà fait ses expériences et qui nous sert pour apprendre la manœuvre. Cette pièce est traînée par deux tracteurs, un pour chaque voiture. La manœuvre a lieu chaque jour sur le polygone de Vincennes, nous avons de nouveaux officiers qui viennent pour que la batterie forme un groupe d'artillerie lourde à tracteurs.

Je pars en permission du 31 Décembre 1915 au 3 Janvier 1916, départ et retour à la gare de Paris-Montparnasse.

1916

La batterie forme le 12 Janvier un groupe d'artillerie lourde à tracteurs. Elle cesse d'appartenir au 3ᵉ régiment d'artillerie à pied, et nous sommes affectés au 81ᵉ d'artillerie lourde.

81ᵉ Regiment d'Artillerie lourde, 5ᵉ Groupe, 9ᵉ Batterie

Je fais partie de la 9ᵉ batterie du nouveau groupe qui vient d'être formé. Le groupe est composé de deux batteries de quatre pièces, la 9ᵉ et la 10ᵉ batteries, d'une section de munitions, d'un état-major de commandant qni doit assurer le service de liaison, d'un service de ravitaillement, et d'un atelier de réparations. Chaque batterie a un effectif de 150 hommes. Le 81ᵉ régiment d'artillerie est divisé en deux parties, l'une, pour les pièces à longue portée, qui est commandée par le Lieutenant-Colonel Charlier et auquel notre groupe est attaché, et l'autre partie pour les groupes de batteries à courte portée. Le 5ᵉ groupe est commandé par le capitaine Posse qui fait fonctions de commandant.

La 9ᵉ batterie est commandée par le capitaine Mottet, le lieutenant Huguet, et le sous-lieutenant Chobet. La 10ᵉ batterie est commandée par le lieutenant de Lagarrigue qui fait fonctions de capitaine. La section de munitions est commandée par le capitaine Renaut, le service de ravitaillement est commandé par le sous-lieutenant Prat, la section de réparations est commandée par le sous-lieutenant Clément, et un médecin est attaché au groupe, le sous-lieutenant Rouillard. Chaque batterie touche: 4 pièces de canon de 155 long Schneider, qui sont les premières pièces de ce nouveau modèle qui sortent du Creusot, un tracteur Panhard pour chaque pièce, qui doit servir à traîner la voiture affût, et un tracteur américain Jeffery qui doit traîner la voiture qui qui porte le tube-canon. Il est adjoint aux huit tracteurs de chaque batterie un tracteur Panhard, qui sert de tracteur dépanneur. Chaque pièce a également un camion pour le transport du matériel et du personnel. La section de munitions touche des camions pour le transport des obus. La section de réparation et le service de ravitaillement touchent chacune deux camions. Il est également affecté au groupe un certain nombre de voitures légères pour les officiers et le transport du matériel téléphonique, ainsi qu'une voiture d'ambulance. On nous fait faire au polygône de Vincennes des manœuvres de force pour la mise en batterie des pièces. Enfin à la fin de Mars, on nous fait faire des mises en batteries dans les environs, notamment au plateau d'Avron, dans les environs du fort de Champigny, et dans les environs de Rosny-sous-Bois.

Je pars en permission du 25 au 27 Mars, départ et retour gare Paris-Montparnasse.

Au commencement d'Avril, le groupe va faire un tir d'essai dans la plaine aux environs de Gonesse.

Le 12 Avril dans la matinée, le 5ᵉ groupe quitte le camp de Saint-Maur, va embarquer à la gare de Rosny-sous-Bois (Seine) et débarque le soir à Epernay. Nous quittons Epernay (Marne) à la nuit et nous allons cantonner à Moslins (Marne) où nous restons un peu au repos. Le groupe quitte Moslins le 16 Avril pour se rendre à Rilly-la-Montagne. On nous fait mettre les pièces en batterie dans un petit bois de sapin situé à environ trois kilomètres de Rilly-la-Montagne. Nous restons à cantonner dans le bourg. Pendant que nous sommes à Rilly, on nous fait faire un tir sur le fort de Montbré.

Le 22 Avril, le 5ᵉ groupe quitte Rilly-la-Montagne et passe par Ay, (Marne), Châlons-sur-Marne et Lépine. Nous arrivons à Courtisols (Marne) le 22, et nous repartons le lendemain 23 Avril, pour aller cantonner à Thiaucourt (Meuse) où nous restons jusqu'au 25.

Le 5ᵉ groupe quitte Thiaucourt le 25 Avril pour se rendre à Nixéville ou nous arrivons dans la nuit du 25 au 26 Avril. Le 5ᵉ groupe installe son échelon près de Nixéville, et nous allons pendant ce temp mettre les pièces en batterie au Bois-Bourrus, près de Germonville, (secteur de Verdun). La 10ᵉ batterie va mettre ses pièces en batterie au faubourg Pavé, près de l'hôpital. Nous arrivons au Bois-Bourrus avant le lever du jour, les pièces sont placée dans un petit ravin qui est masqué par un bouquet de bois qui borde le fort du Bois-Bourrus. Nous couvrons les pièces avec des branches après chaque tir, et on cache entièrement la terre que l'on doit remuer pour faire des abris, car l'aviation ennemie est très active. Nous couchons les premiers jours dans une ferme à Germonville mais nous sommes obligés de l'abandonner, étant trop souvent bombardés. Au mois de Mai, le capitaine Mottet qui commande la batterie se fait tuer en arrivant à un observatoire. Il est enterré le lendemain au cimetière militaire de Germonville. Le lieutenant Huguet prend le commandement de la batterie, et passe quelques jours plus tard au grade de capitaine. Les Boches marmitent la droite de la position de batterie où est installé un poste de T. S. F. et aussi une petite fontaine où l'on va souvent chercher de l'eau. La batterie quitte le Bois-Bourrus le 2 Juin et va se mettre en position auprès du faubourg Pavé à Verdun, dans un jardin qui borde la route d'Etain, et qui est situé non loin du fort de Souville. Là les Boches bombardent surtout la route d'Etain, principalement à la tombée de la nuit, au moment où le ravitaillement commence à passer. Le dépôt de munitions de la batterie se trouve placé dans un petit jardin au bord de la route, et le soir au moment où il faut aller décharger les camions qui amènent les munitions, on se fait souvent marmiter. La batterie éprouve là un peu de pertes en tués et blessés. Nous sommes obligés d'aller chaque jour à l'eau au faubourg Pavé, pour la cuisine et le nettoyage des pièces, et la route est loin d'être sûre. Nous avons à la fin de Juin une forte attaque par les gaz asphyxiants, et les Boches avancent jusqu'aux pentes en avant du fort de Souville. Beaucoup de batteries de 75 passent derrière nous, plusieurs sont échelonnées sur l'autre rive de la Meuse. L'échelon de la batterie a quitté Nixéville le 2 Juin, et est venu s'installer près de Lempire. Les pièces quittent la position de batterie sur la route d'Etain le 10 Juillet aussitôt la nuit tombée et se rendent à l'échelon.

Le lendemain 11 Juillet la batterie quitte Lempire. Le 5⁰ groupe passe à Givry en-Argonne et arrive le soir à Vitry-le-François (Marne).

Nous embarquons le lendemain 12 Juillet à la gare de Vitry-le-François pour nous rendre dans la Somme. Nous arrivons le 13 Juillet au matin à la gare de Longueau (Somme) où nous débarquons. Le 5⁰ Groupe traverse Amiens et va cantonner à Rumigny (Somme) le 13 Juillet. Nous restons là au repos jusqu'au 25.

Le 5⁰ Groupe quitte Rumigny le 25 Juillet, et va se mettre en batterie sur les bords d'un marais, près des villages de l'Eclusier et de Frise et également non loin de Cappy (Somme). La 9⁰ batterie se trouve placée près d'une usine d'engrais chimiques. Nous sommes là assez tranquilles, et la batterie n'est presque pas marmitée, malgré tous les tirs que nous avons à faire. Les échelons du groupe se trouvent installés au bois des Tailles, près de la commune d'Eitinehem (Somme). L'itinéraire pour aller des positions de batteries à l'échelon est par Bray-sur-Somme.

Le commandant Posse quitte le 5ᵉ groupe, il est remplacé par le commandant Paquatte à la fin d'Août.

Le 5ᵉ Groupe quitte ses positions près de l'Eclusier et de Frise le 5 Septembre et va se mettre en position au bois des Croisettes prés de Feuillères et de Hem (Somme). Les positions de la 9ᵉ et 10ᵉ batterie se trouvent placées à l'abri d'un petit talus. Le terrain est complètement découvert car tous les arbres ont été brisés et le sol est rempli de trous d'obus. Nous avons derrière nous plusieurs batteries de 75 qui se trouvent placées à peu près en ligne droite à une centaine de mètres de de nos pièces, et qui restent là pendant une dizaine de jours, jusqu'à la prise de Bouchavesnes. Tout le terrain est à peu près constamment bombardé, car les Boches découvrent la contrée de leur observatoire du mont Saint-Quentin près de Péronne. Le 5ᵉ groupe est éprouvé pendant tout le temp que nous restons à occuper ces positions. Nous sommes toutefois un peu plus tranquilles lorsque les batteries de 75 passent devant nous après l'attaque de Bouchavesnes qui contraint un peu les Boches à changer leur artillerie, mais nous éprouvons des coups malchanceux pour nous. La 9ᵉ batterie a un soir, dans la nuit, un camion chargé de bois de rondins amenés pour faire des abris, qui est détruit par un obus avec une douzaine de servants au moment où ceux-ci s'apprêtaient à le décharger, pour s'en retourner à vide à l'échelon. La 10ᵉ batterie a dans le même temps un obus qui vient lui tuer également plusieurs servants. Nous avons dans les débuts que nous occupons cette position, notre cuisine au bourg de Feuillères, mais ce n'est pas toujours facile d'y aller, aussi elle n'y reste que cinq ou six jours, et vient ensuite à la position de batterie. Pendant que nous sommes au bois des Croisettes les Boches marmitent particulièrement un carrefour qui se trouve à gauche de la position de la 10ᵉ batterie. Nous sommes également pendant un moment obligés d'être ravitaillés en munitions par des voitures à chevaux, les camions ne pouvant plus nous amener les munitions à la position de batterie par suite du mauvais temps et de la route qui est impraticable aux abords des deux positions de batteries. Pendant tout le temps que nous sommes au bois des Croisettes, il n'y a guère de jours où le groupe n'ait pas de pertes en tués ou blessés. Tous les servants qui sont restés, sont enterrés derrière les positions des deux batteries.

A la moitié de Septembre les échelons du groupe quittent le bois des Tailles et viennent s'installer dans les positions de batteries que nous avons occupées près de l'Eclusier et de Frise. Le 5ᵉ groupe quitte ses positions du bois des Croisettes, et l'échelon quitte les anciennes positions de batterie où il était venu s'installer près de l'Eclusier et de Frise, dans la nuit du 18 au 19 Octobre, et vient cantonner près d'Eitinehem. Le 5e groupe quitte Eitinehem dans la matinée du 20 Octobre, nous passons à Villers-Bretonneux (Somme) et nous venons cantonner à Amiens (Somme) dans le quartier Sainte-Acheul près du cimetière.

Je pars en permission du 23 Octobre au 2 Novembre, départ et retour à la gare d'Amiens.

Le 5e Groupe quitte Amiens le 8 Novembre. Nous repassons à Villers-Bretonneux et nous arrivons à Morlancourt près d'Albert (Somme) où le groupe installe ses échelons. Le 5e groupe vient se mettre en position de batterie dans les environs de le Forest (Somme) le 10 Novembre. La 9e batterie se trouve placée sur le bord de la route de Maurepas à le Forest, près du Calvaire du Forest. Nous sommes assez tranquilles à cette position qui n'est guère marmitée que la nuit. Les Boches cherchent surtout à bombarder la route pour empêcher le ravitaillement. Pour venir de l'échelon de Morlancourt à la position de batterie, l'itinéraire est par Bray-sur-Somme, mais le trajet est assez long. Aussi le 24 Novembre, les échelons quittent Morlancourt, et viennent s'installer à Eitinehem.

Le 5e groupe quitte ses positions de batteries le 14 Décembre à la tombée de la nuit, et nous sommes remplacés par de l'artillerie anglaise. Les pièces se rendent à l'échelon à Eitinehem, et le lendemain le groupe quitte cette localité. Nous passons par Villers-Bretonneux et nous cantonnons le soir à Thésy-Glimont (Somme).

Le groupe quitte Thésy-Glimont le 19 décembre, nous passons à Moreuil (Somme) et à Montdidier (Somme) et nous cantonnons à Mesnil Saint-Firmin où nous venons passer une période de repos.

Je pars en permission du 29 Décembre 1916 au 9 Janvier 1917, départ et retour à la gare de Breteuil Embranchement (Oise).

1917

Le 5ᵉ groupe quitte Mesnil-Saint-Firmin (Oise) dans la nuit du 20 au 21 Janvier et passe à Montdidier, à Moreuil et à Marcelcave (Somme). Il arrive à Bayonviller (Somme) où le groupe installe ses échelons le 21 Janvier. Les batteries vont se mettre en position au milieu de la plaine dans les environs de Becquincourt (Somme) dans la nuit du 21 au 22 Janvier. Nous ravitaillons les pièces en munitions au moyen de wagonnets sur voie Decauville. Nous prenons les munitions aux environs de Becquincourt qui est à une distance de deux kilomètres des positions de batterie. Notre cuisine reste à Becquincourt et nous allons de la position de batterie à ce village par une tranchée nommée : « boyau de la Martinique, » car à ce moment la plaine est couverte de neige et nous sommes au début d'une période de gelée qui dure cinq semaines de temps. L'itinéraire de l'échelon de Bayonviller à la position de batterie est par Proyart.

Le 5ᵉ groupe quitte ses positions des environs de Becquincourt (Somme) dans la nuit du 2 au 3 Février pour se rendre à l'échelon de Bayonviller, et quitte cette commune le 4 Février au matin. Nous passons à Marcelcave, à Moreuil et nous cantonnons le soir à Quiry-le-Sec (Somme). Nous restons là pendant quelques jours.

Nous quittons Quiry-le-Sec le 11 Février, nous passons à Breteuil (Oise), à Saint-Just-en-Chaussée (Oise), à Clermont (Oise). Nous cantonnons le soir à Brenouille, petite commune sur le bord de l'Oise. Le 5ᵉ Groupe va se mettre en position de batterie dans les bois de Thiescourt, commune de Elincourt (Oise). Le 17 Février les deux batteries se trouvent dans les environs de la ferme Sainte-Claude. Les échelons du groupe restent installés à Brenouille jusqu'au 1ᵉʳ Mars. L'itinéraire pour venir des échelons aux positions de batteries dans les bois de Thiescourt, est par Pont-Sainte-Maxence (Oise). On traverse une partie de la forêt de Compiègne, et ensuite Elincourt.

Les échelons du groupe et la section de munitions quittent Brenouille le 1ᵉʳ Mars, passent par Pont-Sainte-Maxence et Compiègne et cantonnent le soir à Vignemont (Oise). Ils vont s'installer le lendemain 2 Mars à Antheuil (Oise). Le commandant Paquatte quitte le 5ᵉ groupe et est remplacé par le commandant Marquiset. Le groupe quitte les bois de Thiescourt après que les Boches sont partis en retraite pour aller se retrancher dans la ligne Hindenburg jusqu'aux abords de Saint-

Quentin. Nous partons des positions le 21 Mars. Les échelons et la section de munitions quittent Antheuil. Nous passons par Compiègne et Crépy-en-Valois, et nous couchons le soir à Antilly (Seine-et-Marne). Nous quittons Antilly le lendemain 22 Mars. Nous passons à Lisy-sur-Ourcq, (Seine-et-Marne) et à Chateau-Thierry (Aisne). Nous couchons le 22 Mars à Soilly (Aisne). Nous quittons Soilly le lendemain 23 Mars, nous passons à Dormans (Marne), à Epernay (Marne), à Tours-sur-Marne (Marne) et nous cantonnons le soir à Trépail (Marne). Le groupe va se mettre en position le 25 Mars à Baumont-sur-Vesle. La 10e batterie s'intalle dans un vignoble aux abords du bourg de Beaumont, face à la route nationale de Châlons à Reims. La 9e batterie s'installe dans un petit pré sur le bord du canal de la Marne à l'Aisne, près du moulin. Les échelons de batterie restent installés à Trépail. Nous sommes assez tranquilles à la position de batterie pendant que nous sommes occupés à faire les travaux pour l'installation des pièces et des abris. Les Boches qui occupent les hauteurs qui sont devant nous, marmitent de temps à autre les bords du canal à environ sept ou huit cent mètres sur la gauche de notre position, où se trouvent installés des détachements de troupes Russes, mais au bout d'une dizaine de jours, lorsque la batterie effectue son premier tir, nous sommes repérés, et la batterie est obligée de changer d'emplacement les jours suivants, car les Boches ne cessent pas de nous marmiter de même qu'ils se mettent à bombarder le village de Baumont et la grande route de Châlons à Reims. Nous changeons de place le 7 Avril, et nous allons nous mettre en position sur le bord du canal, près de l'écluse à cinq cent mètres à droite de l'ancienne position.

Je pars en permission du 8 Avril au 19, départ à la gare du tramway à Ambonnay (Marne), retour à la gare de Jâlons-les-Vignes (Marne).

La deuxième position que nous occupons sur les bords du canal de la Marne à l'Aisne à Baumont-sur-Vesle, n'est guère plus chanceuse que la première, car à chaque fois que nous faisons un tir, les Boches ne sont pas longtemp sans répondre, et cela tombe tout autour des pièces. La 10e batterie n'a pas plus de chance que nous. Une nuit elle a un dépôt de munitions qui saute, creusant ainsi un grand entonnoir et ensevelissant du même coup tous les servants d'une pièce dont l'abri se trouvait à proximité. Nous passons la nuit à rechercher l'entrée de leur abri et le lendemain matin une équipe du génie vient déblayer le terrain et les délivrer. Mais cinq d'entre eux ont cessé de vivre.

Le 25 Avril le groupe change de place. Nous quittons Baumont pour aller nous mettre en position dans les environs, à moitié chemin entre Baumont-sur-Vesle et Sept-Saulx. Nous sommes placés auprès d'un petit bois de sapins, nous restons là pendant un mois et nous y sommes assez tranquilles. Le 27 Mai nous allons mettre en batterie au lieu dit de la Plaine, à moitié chemin entre Sept-Saulx et Prosnes. Les batteries se trouvent placées à la lisière d'un bois de sapins et non loin d'un carrefour où se croisent la route de Sept-Saulx à Prosnes et une route qui vient du camp Châlons. Les Boches cherchent souvent à marmiter ce carrefour. L'itinéraire pour venir de l'échelon de Trépail aux positions de batteries est presque toujours par Villers-Marmery et les petites Loges. Le 5ᵉ groupe quitte ses positions au lieu dit de la Plaine et du bois de la Fosse-aux-Ours le 4 Juillet. L'échelon du groupe et la section de munitions quittent également Trépail, passent par Daudemange, et rejoignent les pièces sur la route de Reims à Châlons. Nous traversons Châlons-sur-Marne et nous cantonnons le soir à Lépine (Marne). Nous quittons Lépine le lendemain matin 5 Juillet, nous repassons par Châlons, traversons Vitry-le-François (Marne) et arrivons à Droyes (Haute-Marne) où nous passons quelques jours au repos.

Le 5ᵉ Groupe quitte Droyes le 18 Juillet. Nous passons à Eclaron après avoir traversé la forêt du Der, puis à Sᵗ-Dizier (Haute-Marne) à Brillon (Meuse) à Bar-le-Duc (Meuse) et nous cantonnons à Erize-la-Petite. Nous quittons cette commune le 21 Juillet. Nous passons par Chaumont-sur-Aire (Meuse) et nous cantonnons en pleine campagne, où le groupe installe ses échelons. Nous nous trouvons entre Lemmes, Oches et Vadelaincourt (Meuse). Nous allons ensuite mettre en batterie dans le bois Bourrus (Secteur de Verdun) le lendemain 22 Juillet. Notre position de batterie se trouve auprès du fort du bois Bourrus et non loin de la position que nous avons occupée du 26 Avril au 2 Juin 1916.

Je pars en permission du 22 Juillet au 3 Août, départ et retour à la gare de Lemmes (Meuse).

L'itinéraire des échelons près de Lemmes aux positions de batteries du bois Bourrus est par Thierville, nous sommes assez tranquilles à la position, et il y a beaucoup d'artillerie installée dans toute la contrée, pour l'attaque du Mort-Homme. Les avions de bombardement ennemi sont très actifs, et profitent des nuits qui sont claires en ce moment pour venir jeter des bombes. Il y a des nuits où leur bombardement dure toute la nuit. Aussi on se trouve bien plus tranquille à coucher dans les abris aux positions de batterie que lorsque l'on se trouve à l'échelon. Les avions boches en venant au-dessus de nous cherchent les camps d'aviation qui se trouvent installés à Lemmes et à Oches, et ils bombardent presque chaque nuit la région, les gares de Lemmes, et de Soully. Une nuit ils viennent bombarder l'hôpital temporaire installé à Vadelaincourt, et en profitent en même temps pour mitrailler les convois, et les troupes qui montent aux tranchées. Le capitaine Huguet quitte la 9ᵉ batterie à la fin d'Août et est remplacé par le lieutenant de Lagarrigue qui passe capitaine au début de 1918.

Le 5ᵉ Groupe quitte le bois Bourrus le 18 Septembre à la tombée de la nuit et se rend aux échelons près de Lemmes que l'on quitte le lendemain 19 Septembre. Nous passons à Givry-en-Argonne (Meuse) et on cantonne le soir à Courtisols (Marne). Nous quittons Courtisols le lendemain 20 Septembre, nous passons par Châlons-sur-Marne, Epernay. Nous couchons le soir à Boursault (Marne). Départ de Boursault le lendemain 21 Septembre. Nous passons par Dormans, par Crézancy et Chateau-Thierry et nous cantonnons le soir à Vaux (Aisne) où nous passons quelques jours au repos. Nous quittons Vaux le 30 Septembre, nous repassons par Château-Thierry ; nous passons ensuite à Oulchy-le-Château (Aisne) et nous couchons le soir à Soissons. Nous sommes cantonnés auprès de la Cathédrale qui a été mutilée par les bombardements et que des ouvriers sont occupés à réparer. Nous quittons Soissons le lendemain 1ᵉʳ Octobre, et nous allons cantonner à Saint-Bandry (Aisne), petit village situé au fond d'une vallée et où se trouve des carrières souterraines. Le 5ᵉ Groupe va mettre ses pièces en position de batterie dans les environs de Coucy-le-Château, le 1ᵉʳ Octobre à la tombée de la nuit. Les échelons restent installés à Saint-Bandry. L'itinéraire pour venir aux positions de batterie est par Ambleny et Nouvron. A Coucy-le-Château la 9ᵉ batterie se trouve placée à environ huit cents mètres du bourg, les pièces sont installés dans un champ à l'appui d'un bois et au pied d'une forte côte. Nous quittons les environs de Coucy-le-Château le 11 Novembre à la tombée de la nuit pour nous rendre à l'échelon à Saint-Bandry. Le commandant Marquiset quitte le 5ᵉ groupe et est remplacé par le commandant Noguès. Le groupe quitte Saint-Bandry le 12 Novembre. Nous passons à Villers-Cotterets (Aisne), à la Ferté-Milon (Aisne), et nous cantonnons le soir à Montreuil-aux-Lions, (Aisne), où nous restons pendant quelques jours. Nous quittons Montreuil-aux-Lions le 23 Novembre, nous repassons à La Ferté-Milon et Villers-Cotterets. Nous passons ensuite par Vic-sur-Aisne (Aisne) et nous couchons à Nampcel (Oise). Nous quittons Nampcel le lendemain 24, nous passons à Blérancourt (Aisne) et nous cantonnons à Guivry (Aisne). Nous mettons les pièces en batterie le lendemain 25 Novembre à Benay (Aisne). Les échelons restent installés à Guivry, l'itinéraire de Guivry à Benay est par Jussy et Montescourt qui sont deux localités importantes et dont les maisons ont été complètement rasées par les Boches lors de leur retraite au mois de Mars. Il ne reste debout à Montescourt qu'un vieux château. Notre batterie se trouve installée dans le bourg de Benay qui est complètement rasé. Les Boches ont fait sauter le carrefour qui forme le centre du bourg et cela forme un vaste entonnoir. Il ne reste debout dans le village qu'une vieille grange près de laquelle nous avons installé notre cuisine. Le terrain dans cette région est complètement découvert, car tous les arbres fruitiers, pommiers ou autres ont été coupés à un mètre du sol.

Nous quittons Benay le 29 Novembre, et Guivry le 1er Décembre. Nous passons à Guiscard (Aisne), à Noyon (Oise), à Carlepont (Oise), à Vic-sur-Aisne (Aisne) et nous arrivons le soir à Soissons (Aisne). Nous sommes cantonnés à l'abbaye de Saint-Jean-des-Vignes. Nous quittons Soissons le lendemain 2 Décembre et nous allons cantonner à Braine (Aisne). Le groupe met en batterie près de Moussy le 5 Décembre. L'échelon des batteries reste à Braine jusqu'au 14 Décembre, et va ensuite s'installer à Paars.

Je pars en permission du 8 au 20 Décembre, départ à la gare de Mont-Notre-Dame et retour à la gare de Bazoges (Aisne).

Le 5e groupe quitte ses positions près de Moussy le 19 Décembre et se rend à Paars, et quitte cette commune le lendemain 20 Décembre. Nous passons à la Fère-en-Tardenois (Aisne) et à Jaulgonne (Aisne). Nous cantonnons à Courthiésy (Marne). Nous quittons Courthiésy le 23 Décembre, nous passons à Château-Thierry (Aisne) et nous couchons à la Ferté-Milon (Aisne) que nous quittons le lendemain 24 Décembre. Nous passons à Betz (Oise), à Nanteuil-le-Haudoin (Oise) et nous couchons à Baron, (Oise) que nous quittons le lendemain 25 Décembre. Nous passons à Senlis (Oise), à Creil et à Montataire (Oise), à Mello et à Cires (Oise), à Balagny (Oise), à Mouy (Oise) et nous cantonnons à Berthecourt (Oise) où nous restons une quinzaine de jours au repos.

Le 31 Décembre, les 9e et 10e batteries vont embarquer leurs pièces à la gare de Beauvais (Oise), après avoir tiré une moyenne de quinze mille coups pour chaque pièce depuis que nous les avons touchées, et remplacé pour chaque pièce au moins deux tubes-canon. La portée des pièces de canon de 155 long Schneider était au maximum de 13 kilomètres, et chaque tube-canon a tiré une moyenne de six à sept mille coups (avant d'être mis hors service), avec des obus en acier, en fonte aciérée du poid de 42 à 43 kilogs, des obus asphyxiants du poid de 45 kilogs et des charges de poudre variant de 3 kilogs 200 à 4 kilogs 710, et 5 kilogs 300 à 5 kilogs 450, avec également comme fusées, employé des fusées à retard (noire), sans retard (blanche) et instantanées (rouge) et instantanées (longue).

1918

—

Le 5e groupe rend au début de Janvier ses tracteurs Panhard et Jeffery. Nous quittons Berthecourt le 11 Janvier et nous allons cantonner à Heilles (Oise) où le groupe doit être modifié. Nous touchons de nouvelles pièces de canon, chaque batterie va chercher au parc de Noailles quatre pièces de 155 Fillou. Ces pièces ont une portée maximum de 16 kilomètres et un rayon d'action égal à leur portée, et pèsent environ 13 tonnes. Le groupe touche, pour remorquer les pièces, des tracteurs Latil. Chaque batterie en a cinq, dont un sert de tracteur dépanneur. Pendant que nous sommes à Heilles la section de munitions du groupe est dissoute et il ne doit plus en avoir que deux pour le régiment. Le commandant Noguès quitte le 5e groupe à la moitié de Février et est remplacé par le capitaine Laurre. Nous quittons Heilles le 27 Février. Nous passons à Noailles (Oise), à Andeville (Oise), Méru (Oise) à Pontoise (Seine-et-Oise) et nous cantonnons à Saint-Ouen-l'Aumône qui est un faubourg de Pontoise, nous repartons le lendemain matin 28 Février, et nous passons par Franconville, Sannois, Epinay (Seine-et-Oise) à Saint-Denis (Seine), à Gonesse (Seine-et-Oise) et nous couchons le soir à Roissy-en-France (Seine-et-Oise) que nous quittons le lendemain 1er Mars, nous passons à Dammartin-en-Gobelle (Seine-et-Marne) à Nanteuil-le-Haudoin (Oise). Nous cantonnons le soir à Lévigny (Oise) que nous quittons le lendemain 2 Mars. Nous passons à Crépy-en-Valois (Oise) et nous cantonnons le soir à Jaulzy (Oise) où nous restons quelque temp au repos.

Je pars en permission du 20 mars au 2 Avril, départ à la gare d'Attichy (Oise) et retour à la gare de Coulommiers (Seine-et-Marne). En subsistance au 40e régiment d'infanterie 34e compagnie à Voisins (Seine-et-Marne) du 2 au 3 Avril et à Tresmes, commune de Pommeuse, du 3 au 7 Avril, départ à la gare de Coulommiers le 7 et nous restons à la gare régulatrice de Ory-la-Ville la nuit du 7 au 8 Avril. Retour à la gare de Compiègne (Oise). Je fais à pied la route jusqu'à Heinevillers (Oise), je couche en cours de route à Estrées-Saint-Denis du 8 au 9 Avril, arrivée à Heinevillers (Oise) le 9 Avril.

Le 5e Groupe quitte Jaulzy (Oise) le 22 Mars et arrive à Ribécourt le 23, il quitte cette commune le lendemain 24 Mars, et se rend à Tracy-le-Val (Oise). Les batteries vont mettre en position dans la forêt de Laigue aux environs de Carlepont, le 25 Mars, et y restent jusqu'au 30 Mars. Les échelons restent à Tracy-le-Val. Après avoir quitté leurs positions dans la forêt de Laigue le 30 Mars, les batteries se rendent à Tracy-le-Val, et le groupe quitte cette commune le lendemain 31 Mars pour aller à Gournay-sur-Arcrute, qu'il quitte le lendemain 1er Avril, pour se rendre à Heinevillers (Oise) et le groupe va mettre en position de batterie dans la commune de Saint-Martin-au-Bois et au village de Vaumont (Oise). Dans cette contrée les batteries du groupe sont divisées par section. La 1e section de la 9e batterie est en position auprès de Vaumont, et la 2e section est en position à environ cinq cent mètres de St-Martin-au-Bois. Les échelons du groupe restent à Heinevillers. Le 20 Avril nous changeons de position. La 1e section de la 9e batterie va mettre en position sur la route de Vaumont à Mongérain, la première pièce. Nous nous installons dans une carrière au bord de la route, et la deuxième pièce est installée dans un petit bois à deux cents mètres de nous et situé près de Vaumont. La 2e section de la 9e batterie va se mettre en position un peu en avant de nous. Les Boches sont pendant quelques jours à nous marmiter dans notre carrière, mais ils arrivent à faire un tir de zône et cherchent à marmiter la route qui va de Vaumont à Mongérain. Pendant que nous sommes là, la cuisine pour les pièces reste au village de Vaumont. Le 5e groupe quitte la région de Saint-Martin-au-Bois dans la nuit du 27 au 28 Mai et se rend à Heinevillers pour se mettre en route le matin du 28 Mai. Nous passons à Estrées, Saint-Denis, Compiègne et Crépy-en-Valois (Oise) à Villers-Cotterets (Aisne), après avoir voyagé toute la journée du 28 Mai et la nuit du 28 au 29, nous arrivons au lever du jour le 29 Mai à Gramaille

(Aisne) et le groupe met en position de batterie dans les environs. La 9e batterie se place au bord d'une route à cinq cent mètres du village, mais à peine les pièces en position, il nous vient un ordre de nous remettre en route car les Boches viennent d'attaquer et il va falloir battre en retraite. Nous nous mettons en route dans la direction de Château-Thierry (Aisne) que nous traversons dans la soirée, et nous allons mettre en position près du village de Fossoy (Aisne) situé sur le bord de la Marne. Pendant la nuit du 29 au 30 Mai, les avions boches s'acharnent à bombarder Château-Thierry et les environs. Ils bombardent également les bords de la Marne, à notre droite du côté de Jaulgonne, par pièce à longue portée. Dans la matinée du 30 Mai, le groupe relève de position et se remet en route pour aller à Viffort (Aisne). Nous mettons en position de batterie le lendemain 31 Mai dans les environs de Viffort, près du hameau de la Malmaison. Les échelons du groupe restent à Viffort. Nous relevons de position le 10 Juin et nous allons mettre les pièces en batterie au village de Confrémaux, commune de Courboin (Aisne). Les échelons quittent Viffort et vont s'installer au hameau des Orgerieux situé non loin de la route de Viffort à Montlevont à moitié chemin entre ces deux communes. Pendant que nous sommes à Comfrémaux nous sommes assez tranquilles, les Boches bombardent pendant quelques jours une ferme située dans l'autre bout du village.

Le 13 Juillet nous quittons Confrémaux pour aller mettre en position dans le fond d'une vallée entre Confrémaux et Montbazin à environ un kilomètre de la route. Le lendemain 14 Juillet les Boches commencent à minuit à bombarder toute la région et à envoyer des gaz asphyxiants jusque dans une partie de la matinée du 15 Juillet. Nous quittons la position et nous allons mettre les pièces en batterie dans un bois situé à deux kilomètres de Pargny-la-Dhuys (Aisne). Pendant que nous sommes là, nous tirons sur la Marne dans les environs de Dormans. Le 20 Juillet nous relevons de position, et nous passons à Condé-en-Brie et nous allons mettre en batterie entre Monthurel et Saint-Eugène (Aisne). Le lieutenant-colonel Charlier quitte le régiment et est remplacé par le lieutenant-colonel Blanchet. Le 26 Juillet on relève de position et on va mettre en batterie à Varennes. Le 30 Juillet les échelons du groupe quittent le hameau des Orgerieux pour aller à la ferme des Grèves entre Courboin et Blêmes (Aisne). Le lendemain 31 Juillet nous relevons de position à Varennes pour aller remettre en batterie auprès de Vincelles sur les bords de la Marne. Là les Boches ont laissé dans leur retraite beaucoup de munitions de toutes sortes et du matériel.

Le 5e Groupe quitte les bords de la Marne le 4 Août au lever du jour, et les échelons quittent en même temp la ferme des Grèves. Nous traversons Dormans et Crézancy (Marne) Château-Thierry (Aisne) Viels-Maisons (Aisne) La Ferté-sous-Jouarre (Seine-et-Marne) Meaux (Seine-et-Marne) et Dammartin-en-Gohelle. Nous cantonnons dans les environs à Longperrier (Seine-et-Marne) où nous restons un peu au repos.

Nous quittons Longperrier le 7 Août et nous traversons à nouveau Dammartin-en-Gohelle et prenons la route de Senlis. Nous traversons cette ville dans la matinée, passons ensuite à Pont-Sainte-Maxence et allons cantonner à Saint-Martin-Longueau. Nous allons dans la nuit du 7 au 8 Août, mettre en position de batterie à Montiers (Oise). Les échelons restent à Saint-Martin-Longueau jusqu'au 10 Août, ils viennent ensuite s'installer à Cressonsac (Oise). Le 12 Août nous relevons de position de batterie à Montiers, nous traversons La Neuville-Roy (Oise) et les échelons quittent également Cressonsac et nous retournons coucher à Saint-Martin-Longueau, que nous quittons le lendemain 13 Août. Nous passons à Pont-Sainte-Maxence, à Verberie, à Béthisy-Saint-Pierre et à Saintines, et nous arrivons à Vez (Oise). Nous sommes cantonnés dans la basse-cour d'un château. Dans la nuit du 14 au 15 Août nous allons mettre en position de batterie près de Montigny-Lengerain (Aisne). Les échelons du groupe restent à Vez jusqu'au 22 Août. L'itinéraire pour venir aux positions de batterie est par Villers-Cotterets. Le groupe relève de position à Montigny-Lengerain le 20 Août, nous passons par Attichy (Oise) et par Vic-sur-Aisne (Aisne) et nous allons mettre en position de batterie au village de Vaux (Aisne). Le 22 Août les échelons du groupe quittent Vez et vont s'installer à Montigny-Lengerain. Le 31 Août nous quittons le village de Vaux et les échelons quittent également Montigny-Lengerain, nous repassons par Vic-sur-Aisne et nous allons mettre en position de batterie à Bieuxy (Aisne). Nous sommes un peu marmités à cette position de batterie qui est placée dans une petite vallée aux abords du village et les avions boches viennent souvent au-dessus de nous la nuit pour nous empêcher de tirer. Pendant que nous sommes à Bieuxy, les échelons du groupe sont installés auprès du plateau de Nouvron, non loin de la commune de Vingré (Aisne). Dans la nuit du 6 au 7 Septembre le groupe relève de position à Bieuxy, et se rend à l'échelon. Nous nous remettons en route dans la matinée du 7 Septembre, nous passons par Attichy, Vic-sur-Aisne, Pierrefonds (Oise) Crépy-en-Valois (Oise) Nantheuil-le-Haudoin (Oise) et nous couchons à Oissery (Seine-et-Marne), nous quittons Oissery le lendemain 8 Septembre et nous passons par Saint-Mard (Seine-et-Marne) Claye (Seine-et-Marne) Anet (Seine-et-Marne) Thorigny-Lagny (Seine-et-Marne) Gretz (Seine-et-Marne) Tournan (Seine-et-Marne) et nous arrivons à Châtre (Seine-et-Marne) où nous restons quelques jours au repos. Pendant que nous sommes là, le 5ᵉ groupe est modifié, il lui est adjoint une troisième batterie qui est commandée par le capitaine Lemaire. Le capitaine Laurre, qui fait fonction de commandant, quitte le groupe, et est remplacé par le commandant Deguise. Le groupe prend le nom de Groupe D, la 9ᵉ batterie prend le nom de 31ᵒ batterie, la 10ᵉ batterie devient 30ᵉ batterie, et la nouvelle batterie qui est affectée au groupe devient 32ᵉ batterie.

81ᵉ Régiment d'Artillerie lourde, Groupe D, 31ᵉ Batterie

Le Groupe D, quitte Châtre le 15 Septembre. Nous passons par Fontenay (Seine-et-Marne) Nangis (Seine-et-Marne) Provins (Seine-et-Marne) et nous cantonnons à Barbuise (Aube). Nous repartons le lendemain 16 Septembre, nous passons à Marcilly (Aube) Anglure (Aube) Méry-sur-Seine (Aube) Arcis-sur-Aube, Nogent-sur-Aube où nous cantonnons le 16 Septembre, et que nous quittons le lendemain 17. Nous passons à Brienne-le-Château (Aube), à Montier-en-Der (Haute-Marne) et nous couchons à Frampas (Haute-Marne). Nous quittons cette commune le 18 Septembre, nous passons par Eclaron (Haute-Marne) Saint-Dizier (Haute-Marne) Brillon (Meuse) Bar-le-Duc (Meuse) et nous cantonnons le soir dans un bois situé à un kilomètre de Froidos (Meuse). Nous allons le lendemain 19 Septembre mettre en position de batterie au bois de Récicourt, qui fait partie de la forêt de Hesse. Nous sommes dans un secteur occupé par l'armée Américaine, les échelons du groupe restent installés près de Froidos du 18 au 20 Septembre, et vont ensuite s'installer à Braucourt (Meuse) le 1ᵉʳ Octobre. Nous relevons de position dans la forêt de Hesse, et nous revenons à Braucourt. Le 3 Octobre le groupe D quitte Braucourt, et passe

à Triaucourt et à Givry-en-Ar gonne (Meuse). Nous arrivons à Merlaut (Marne) où nous restons quelques jours au repos.

Je pars en permission du 10 au 27 Octobre, départ à la gare régulatrice de Faverest (Marne), et retour à la gare de Saint-Quentin (Aisne).

Le groupe D, quitte Merlaut le 11 Octobre et passe par Vitry-le-
François (Marne), la Fère-Champenoise (Marne) et cantonne à Lau-
court (Marne). Il quitte cette commune le lendemain 12 Octobre, et
passe par Sézanne (Marne) la Ferté-Gaucher (Marne) la Ferté-sous-
Jouarre (Seine-et-Marne) Lizy-sur-Ourcq (Seine-et-Marne) et cantonne à Le-Gué-Hatrenne (Oise). Il quitte cette commune le lendemain 13
Octobre et passe par Crépy-en-Valois (Oise) Compiègne (Oise)
Noyon (Oise) Guiscard (Aisne) et cantonne au Grand-Seraucourt
(Aisne) où il reste quelques jours au repos. Le groupe D quitte le
Grand-Seraucourt le 17 Octobre et passe à Saint-Quentin (Aisne) et vient
cantonner dans un village des environs qui est complètement détruit,
à Biette. Le 19 Octobre le groupe va mettre en position de batterie à
environ un kilomètre du bourg de Bernoville (Aisne), sur le bord de
la route qui va de cette commune à Montigny-Carotte (Aisne). Les
échelons du groupe restent installés à Biette jusqu'au 29 Octobre,
et viennent ensuite s'installer à Marcy (Aisne). Les échelons quittent
Marcy le 8 Novembre et viennent à Bernoville, le groupe relève de
position près de Bernoville le 6 Novembre quelques jours après que les
Boches sont partis pour battre en retraite, et nous venons cantonner au
bourg de Bernoville où nous restons jusqu'au surlendemain de l'armistice. Pendant la période de temp qui s'est écoulée du mois de Mars
1918, au moment où nous avons re tourné sur le front avec les pièces
de canon de 155 Filloux, à venir aux premiers jours de Novembre à la
veille de l'armistice, le groupe a tiré une moyenne de trois mille coups
par pièce, avec des charges de poudre variant de 7 kilogs 490 à 8 kilogs
490, et 10 kilogs 420 et 11 kilogs 540 pour des obus en acier ou en fonte aciérée, et a changé ses tubes canon après avoir tiré environ 2.500
coups.

Le groupe D quitte Bernoville le 13 Novembre et passe à Saint-Quentin (Aisne) Ham (Somme) et nous couchons à Ecuvilly (Oise). Nous
quittons cette commune le lendemain 14 Novembre. Nous passons à
Roye (Somme), à Gournay-sur-Aronde (Oise), à Estrées-Saint-Denis
(Oise) et nous cantonnons à Monceaux (Oise), le groupe se remet en
route le 19 Novembre, nous passons à Pont Sainte-Maxence (Oise) à Sen-

lis (Oise), à Baron (Oise), à Nanteuil-le-Haudoin (Oise), à Betz (Oise) et nous arrivons à Crouy-sur-Ourcq (Seine-et-Marne).

Je pars en permission du 15 au 22 Décembre, départ et retour à la gare de Crouy-sur-Ourq.

Le groupe D, quitte Crouy-sur-Ourq le 2 Janvier, nous passons à la Ferté-sous-Jouarre (Seine-et-Marne) et nous couchons à Reuil (Seine-et-Marne). Nous quittons cette commune le lendemain 3 Janvier, et nous repassons à la Ferté-sous-Jouarre, nous passons ensuite à Viels-Maisons (Aisne) et à Montmirail (Marne) et nous cantonnons le soir à Champaubert (Marne). Nous quittons cette commune le 5 Janvier, nous passons à Montmort (Marne), à Pierry (Marne), à Epernay (Marne), et nous cantonnons à Aulnay-sur-Marne (Marne), que nous quittons le lendemain 6 Janvier. Nous passons à Châlons-sur-Marne (Marne), et nous couchons à la Chaussée-sur-Marne (Marne). Nous quittons cette commune le lendemain 7 Janvier, nous passons à Vitry-le-François (Marne) et nous cantonnons à Larzicourt (Marne). Nous quittons Larzicourt le 9 Janvier, nous passons à St-Dizier (Haute-Marne) à Stainville (Meuse) et nous couchons à Le Bouchon (Meuse), que nous quittons le lendemain 10 Janvier. Nous passons à Ligny-en-Barrois (Meuse) et nous couchons à Saulx-en-Barrois (Meuse). Nous quittons cette commune le lendemain 11 Janvier, et nous passons à Voïd (Meuse), et nous cantonnons le soir à Vaucouleurs (Meuse). Nous quittons Vaucouleurs le lendemain 12 Janvier et nous allons cantonner dans les environs, à Rigny-la-Salle (Meuse). Nous quittons cette commune le 14 Janvier, nous passons à Toul (Meurthe-et-Moselle) et à Dommartin-les-Toul, nous cantonnons le soir dans les environs de Nancy, à la ferme de Champ-le-bœuf, près de Saint-Mansuy et de Laxou. Nous nous remettons en route le lendemain 15 Janvier, nous passons à Nancy (Meurthe-et-Moselle) et à Essey-les-Nancy, et nous arrivons le soir à Marsal (Lorraine). Le capitaine Jean de Lagarrigue quitte la 31e batterie, qui est commandée par le sous-lieutenant Joffé. Le groupe D quitte Marsal le 1er Février, et passe par Arracourt et par Einville (Meurthe-et-Moselle), et nous venons cantonner à Crion (Meurthe-et-Moselle).

Je pars en permission du 4 Février au 6 Mars, départ à la gare de Nancy, et retour à Lunéville.

Le 4 Mars, le groupe D quitte Crion, se rend à Lunéville (Meurthe-et-Moselle), et est logé à la caserne Stanislas, place du Château.

Je pars en permission le 20 Mai, pour aller jusqu'au 17 Juin, départ à la gare de Lunéville, et retour à la gare de Woïpy, près de Metz (Lorraine).

Le 23 Mai, le groupe D, quitte Lunéville pour se rendre à Metz (Lorraine), où il arrive le lendemain 24 Mai, le régiment est caserné à Montigny et la 31ᵉ batterie est casernée à l'île Saulcy (rue du Pont des Morts). Le 20 Juin, le groupe est modifié et devient le 2ᵉ groupe du 81ᵉ régiment d'artillerie lourde, et est composé de trois batteries, les 4ᵉ, 5ᵉ, et 6ᵉ batterie. La 31ᵉ batterie deviens la 5ᵉ batterie, et est commandée par le sous-lieutenant Delassus, le commandant Deguise a quitté le groupe au moment de partir de Lunéville, et il passe sous les ordres du commandant Toussaint.

Je pars en sursis du 24 Juin au 8 Août, départ à la gare de Woipy, et retour à Chartres (Eure-et-Loir).

Je suis démobilisé le 9 Août au 26ᵉ régiment d'Artillerie, Caserne Rapp à Chartres (Eure-et-Loir).

Imprimerie Gabriel Enault, Mamers.